東京の美しいお花屋さん

X-Knowledge

櫻井純子

CONTENTS

表　　紙　Fleurs de chocolat
裏表紙　jardin nostalgique

撮　　影　西田香織
デザイン　山本洋介（MOUNTAIN BOOK DESIGN）
印　　刷　図書印刷

──── アイコンの見方 ────

🌷 花のみを扱う店

🌿 グリーンのみを扱う店

🌷 花、グリーンの両方を扱う店

[注意]
本書に掲載した内容は2020年8月現
在のものです。営業日、外観や内装
に変更が加わる可能性がございます。
また、営業時間についてはあらかじ
め各店舗HP、SNSをご確認ください。

はじめに

花の仕事にたずさわるようになり、20数年が経ちました。
働きはじめた頃と比べて、何より変化を感じるのが、日
本の花屋さんの在り方です。花を売る場というだけでな
く、花をきっかけにデザインや、インテリア、ライフス
タイルの提案をする場へと変わってきました。
なかでも東京は、世界と比較してもクオリティの高い花
屋さんが圧倒的に多い都市です。ここ10年でその傾向
はより加速しています。

本書では、26店の東京の花屋さんを美しい写真とともに
紹介しています。どのショップも、オーナーやスタッフ
の思いが詰まった素敵なショップばかりです。
花の飾り方はもちろん、日常に取り入れることができる
植物の楽しみ方やスペシャルな時間を彩るための空間作
りなど、生活をより充実させるアイデアやときめきを与
えてくれることでしょう。

本書をきっかけに、花や植物、そして花屋さんがあなた
の人生に彩りと楽しさを与える存在になったら幸いです。

2020年8月7日（ハナの日）
櫻井純子

THE LITTLE SHOP
OF FLOWERS

原宿

都会で緑と花と癒しに出合う

緑のなかにあるラフな印象の店。そのラフさがリトルらしく、原宿、表参道という立地とのおもしろいギャップ。

窓枠に吊るされたドライフラワ
ーも無造作なようで、おしゃれ。

表参道のメインの通りから道を1本入った、隠れ家のような場所にある「THE LITTLE SHOP OF FLOWERS」。森のような緑の木々のなかを通って、青い空とともに目前に現れるレストランが併設された花店の建物は、どことなく懐かしさを感じる。そこは、大都会とは思えぬきれいな空気が流れている。アトリエ店と呼ぶこの本店含め、現在は都内で3店舗展開。2010年にオープンしたアトリエ店は、当時から流行に敏感な人々の間で話題に。今では「リトル」という愛称で親しまれ、他府県など遠方から来店する人も少なくない。サンルームのように光が降り注ぐ小さな小屋がお店スペース。「ここに来ることで、肩の力が抜けるような、オアシスのような存在になれるといいよね、とみんなで話しています」とスタッフは話す。

上.路地の入り口にある小さな看板。同じ場所にレストランや事務所なども入っている。下.天候によっては、店外に花を並べているときも。一般的でない形や色の花を厳選して仕入れている。

生花コーナーには、世間であまり知られていない草花やプロテア、リューカデンドロンなどのネイティブフラワー、染めのバラなど、ユニークな花が並んでいる。形の面白さや花色の深さを意識して、仕入れをしている。かつては、バラが1本も並んでいないことも日常だった。リトルには固定概念のようなルールがないのだ。吟味して仕入れた花は、それぞれの個性を見極めて、組み合わせていく。そうして生まれるのが、アンバランスな空気感をまとったアレンジメントや、野花を摘みとったようなリトルらしいブーケ。ここにしかない、唯一無二のスタイルと出合うことができる。

1

2

3

4

5

1. 店内から見た庭の風景。都会とは思えない緑がまさに楽園。 2. 花や植物以外に、器などの雑貨や酵素ドリンクなども販売している。写真は人気が高い二階堂明弘さんの陶器。 3. メインコーナーの隣にある小さな小屋。黄色の壁が印象的。生花とともに本や雑貨が美しく並ぶ。 4. 色合わせ、花合わせに「リトル」らしさが光る。 5. 大きな緑の木々の間をぬうように歩いて、目前に広がるこの光景にうっとり。

THE LITTLE SHOP OF FLOWERS

住　　所	東京都渋谷区神宮前 6-31-10
電　　話	03-5778-3052
定休日	不定休
Instagram	@ thelittleshopofflowers

VOICE

神宮前

花とアートのある
静謐の空間

仕入れにより、それぞれの花が引き立つよ
う並べている生花のコーナー。部屋の角を
を生かしているため、空間が広く感じられる。

1

3

2

4

1. 木枠を使い、スターチスのブーケや枝をディスプレー。2. 香内さんの私物の器で
吉田直嗣さんの作品。風に揺れるようなメラスフェルラをざっくりと合わせて。3. 多
種多様な展示を行っているギャラリースペース。黒と白のみでまとめられた空間。
4. 壁の色は落ち着いたグレー。革のバンドでまとめたスチールグラスがかっこいい。

グレーの壁に黒い什器で統一されたモダンな空間に、ガラス張りの小部屋がある「VOICE」。外苑前駅から徒歩5分ほどの外苑西通りを少し入った路地に隠れ家のようにある。オーナーの香内斉さんは、「farver」(P.92)で勤務後、2017年1月にオープン。「こえを聴き、こえを届ける」というコンセプトで、「花からはじまる暮らしの形」を提案している花店だ。店内にはギャラリーが併設され、陶器や写真、絵画など多くのアーティストやブランドの展示会を行っている。

前述のガラス張りの小部屋が、生花のスペース。壁沿いには生花やフラワーベースが並び、ブーケなどの制作作業もこの小部屋で行っている。生花は甘さのある色みよりも、深いレッドなどシックな色みが定番。ディスプレーは自然に見えるように、高さなどはきっちりと揃えすぎず、整えすぎず、を心がけている。こだわりとして、ドライフラワーや染めた花は扱っていない。生花を生けているフラワーベースは海外の民芸品（非売品）など個性的なものが多く、見ているだけでも楽しい。

「1本でいいから花を買って飾る。それが2週に1回の習慣になる。そんなところから、花を楽しんでもらいたいですね」。生花を買いに来ながら、香内さんに、フラワーベースの選び方や飾り方を相談する人も少なくない。数本購入する場合は、気になった花を組み合わせてみることを勧めている。「料理の場合、慣れると食材で大方の味がわかるように、花を生けることも選ぶことも、慣れてくるとだんだんわかるようになりますよ」と語る。

5

5. 光を落とすとさらに魅力的に。小部屋の明かりが花を際立たせる。6. ユニークなフラワーベースに入れられている生花のコーナー。季節感や個性があるものが中心。シックな色みの花も多い。7. フラワーベースは個性的なものが多いが。手前のぽってりとした質感のガラスベースはドイツのヴィンテージ品。

VOICE

住　所　東京都渋谷区神宮前 3-7-11
　　　　JINGUMAE HOUSE 1F
電　話　03-6883-4227
定 休 日　不定休
Instagram　@voice_flower.jp

6

7

終日フラワー

代々木上原

花＋αで楽しめる ショップ

カフェカウンターには焼き菓子などと一緒に季節の生花をさりげなく。

ビビッドカラーの色合
わせに、つい足が止ま
る。右側の青いキクは、
店で染めたもの。

2階から見たところ。植物の形
や色がより際立つ。ビアバーの
ショーケースにも植物を合わせ
るユニークなディスプレー。

上.奥はカフェのイートインスペース。ビアバー目当ての人が花や
植物を買うことも。下.井の頭通りに面した「終日ONE」。店外に
は観葉植物や枝物などをディスプレー。ブーケを販売することも。

1

　代々木上原駅から徒歩3分足らず、井の頭
通り沿いにある赤茶色のレンガが印象的なビ
ルにある「終日ONE」。ビアバーとカフェ、そ
して花店が同じフロアにあるユニークな業態
だ。エントランスの扉を開けると、すぐに色
鮮やかな花と出合える、階段横のスペースが
「終日フラワー」だ。「Charさん」との愛称で
お客さんから親しまれる田辺麻美さんがオー
ナーを務めている。生花は季節感のあるもの
を仕入れているが、ディスプレーがユニーク。
色鮮やかな陶器やホーローのポットなど、使
用している器はカジュアルで気取っていない。
それは明るく笑顔を絶やさない田辺さんの人
柄ともリンクする。
　「気まぐれブーケ」という手頃な価格帯のつ
くり置きのブーケは、そのときの仕入れや品
揃えで本当に気まぐれだとか。「大きな店では
ないので、仕入れはどうしてもオーダーあり
きの部分もありますね。でも花が与えてくれ
るパワーや感動は特別なもの。だからこそ、
自分自身がいいと感じた花を選んで、その力
をここで伝えていきたいですね」と田辺さん。
とはいえ、田辺さんが店で染めた花や個性的
な植物など、こだわりと植物への愛情が随所
に感じられる。店内の着席スペースやカフェ
カウンターにも、さりげなくというより、大
胆に花や植物が飾られている。ビールやコー
ヒーとともに、空間と時間を堪能することが
できる。

2

1. ガラスや陶器などの個性的な器をミックスさせるのが、終
日フラワーらしいスタイリング。ドライフラワーも店内の至
る所に。2. 無造作に並んだ器のなかには球根付きのクロッ
カス。3. 階段の段差を生かして、枝物をディスプレー。正
面から見たとき背景に枝があると、花の存在が際立つ。

終日フラワー

住　　所	東京都渋谷区上原 3-44-11
電　　話	090-2488-6212
定 休 日	不定休
Instagram	@charbatake

mugihana

代々木上原

植物を堪能できる
やさしい空間

坂の途中にある店の入り口には季節の苗物や鉢物がずら
り。エアプランツやネイティブフラワーなどの植物も揃う。

花は店内のあらゆるところに。木箱
やワインボックスで仕入れに合わせ
てディスプレーの変化をつけている。

1

1. 入口近くの作業台でアレンジメントを制作する堀川さん。2. 店内の奥や壁にはドライフラワーもたくさん。バンクシアなどが入ったスワッグも吊るしてある。3. 木箱で高低差を出してディスプレー。天井からのドライフラワーや壁のイラストの世界観と花との融合が魅力的。4. 店頭にはリブサリスやエアプランツ、ペッパーベリーなどが吊るされ、賑わい感たっぷり。

mugihana

住　　　所　　東京都渋谷区上原 1-36-14
電　　　話　　03-3485-2002
定 休 日　　火
Instagram　　@mugihana_hanaya

堀川さんが日々ディスプレーする生花は無造作なようでいて、美しい世界観に整えられている。古いミシン台も什器代わりに。

代々木上原駅東口から徒歩2分の坂の途中にある「mugihana」。「ふわんとした店名をつけたかった」と話す、オーナーの堀川英男さん。2020年で創業15年を迎えた。

店の入り口には大きなダシリリオンと、季節の花苗や鉢がいくつも並ぶ。アフリカやオーストラリアを原産地とする植物を生花だけでなく、鉢物や植栽用に仕入れていることも多く、珍しい植物との出合いもある。特にバンクシアやセルリアは堀川さん自身が自宅で育てていることもあり、育て方やメンテナンスなどの相談もできる。

木のテーブルや板を使ってレイアウトされた店内には、季節の花を仕入れた堀川さんによって美しくディスプレーされている。あえて、生花のコーナーを区切らず、店内全体に置いているのも特徴の一つだ。アンティークの陶器やガラスのフラワーベース、ワインの空き瓶など、使用する器は素材も色もばらばらだが、どれも美しく並べられている。花が並ぶ空間に絵を飾ったり、小さな木箱で高低差を出したりなど、どのコーナーも絶妙なバランス。それゆえ、近隣のレストランや美容院からディスプレーの相談を受けることも多い。やわらかな色や雰囲気のブーケも素敵だが、堀川さん好みのバンクシアなどのネイティブフラワーを多用した力強い色合いのアレンジメントやスワッグも魅力的だ。

2

3

4

NEO GREEN

渋谷

都市での暮らしにフィーチャーした
グリーンショップ

1

2

渋谷駅から井の頭通りへ続く道沿いにある盆栽や花木、観葉植物に特化した店が「NEO GREEN」。2007年10月のオープン以来、「都市生活者のための暮らしのパートナーとなるグリーンポットの提案」というコンセプトで運営している。特に植物マニア向けだけでなく、一般の人でも日常に取り入れやすい植物を扱っている。

ヴィンテージ家具を什器に使用した店内は、スタイリッシュで静寂な雰囲気。植物が単独で美しく見える、ほどよい間隔をとっているため、それぞれをじっくり選ぶことができる。盆栽はオーナーの白田仁さんが一つずつ手を掛けて制作、観葉植物もそのほとんどが陶器の白い鉢に植え替えられている。シックな古材の棚に白い鉢が映え、モダンな雰囲気。サボテンや多肉植物は、樹形が個性的なものが中心。骨董の鉢カバーや盆栽の釉薬が美しい陶板など、一般的な園芸店ではあまり扱っていない商品が揃っているのも嬉しい。店外では庭やベランダなどで育てることができる、和を感じるツバキやボケに、オーストラリア原産のバンクシアなどと幅広い。

植物以外に目に留まるのは、美しい書棚。オープン半年後からブックディレクターの幅允孝さんに依頼し、書籍を販売している。植物に限らず、美しい写真集や印象的な本はつい手に取りたくなるものばかり。さりげなく飾られているディスプレー用の古道具も植物との相性がよく、インテリアに合わせた植物選びに足を運びたくなるショップだ。

1. アロエやユーフォルビアなど、多肉植物も種類豊富。個性的な植物のフォルムをシンプルな器が引き立てる。2.「NEO GREEN」のために選ばれた書籍はつい手を伸ばしたくなる。3. 店外には庭木にぴったりの季節の花木などが中心。

NEO GREEN

住　　所　東京都渋谷区神山町 1-5
　　　　　グリーンヒルズ神山 1F
電　　話　03-3467-0788
定 休 日　月（祝祭日の場合は火）
Instagram　@neo_green

3

植物はゆとりをもって並べられ、1つの植物とじっくり向き合える。古道具との組み合わせも楽しい。

葉花 （habana）

富ヶ谷

三者三様の
個性のミックスが
楽しい

多肉植物やアガベなどが店頭
にずらりと並ぶ。さりげなく
置かれた恐竜のオブジェ。

原色の鮮やかな色と壁の書との組み合わせが世界観をつくり出す。

奥渋と呼ばれる、渋谷駅から富ヶ谷へ続く通りに面した「葉花 (habana)」。店の前にはオリーブをはじめとした、たくさんの植物がディスプレーされている。16坪の店内はたくさんの植物と雑貨で溢れ、店名と同じ、キューバの都市ハバナを想起させる原色が美しい個性的な空間だ。「葉花」はかつて同じ花店の同僚3人で2003年に立ち上げた。以来、仕入れや制作も三者三様というスタイルで続けている。それゆえ、いろいろなものがミックスされ、「葉花」の世界が確立されている。

ざっくりと花と鉢の植物のコーナーに分けられた店内には、濃いブラウンの木の什器が植物の存在を際立たせる。天井からは、マクラメを使った小物やボストンファーンとともに大きなオーナメントが吊るされている。広い空間を生かした演出は楽しく、あちこちに隠れるようにある動物のモチーフもキュートだ。

近年、奥渋はインバウンド客が増えており、ブーケをオーダーする外国人観光客も少なくない。ドイツ人アーティストのステファン・マルクスが来店して描いたイラストも飾られている。

人気が高いのは、アンスリウムやプロテアなどのエキゾチックな生花、そしてサボテンや多肉植物などの小さなグリーン。春から夏にかけては、自宅用に大きな観葉植物が人気。土や肥料など育てるための資材類も充実し、植え替えやメンテナンスの相談する人も多い。

1. 生花の価格を表示しているのは、木のアイススプーン。2. 手作りのドライフラワーのヘッドパーツのセット。オーダー販売が一般的ななか、手軽に購入できるのは嬉しい。

葉花（habana）

住　　　所	東京都渋谷区富ヶ谷 1-14-14
電　　　話	03-3466-0242
定 休 日	なし
Instagram	@887habana

1

2

天井はオープン時に抜いているため、高く広々。ダクトレールを使い、植物やオブジェ、ドライフラワーなどをディスプレーしている。

kusakanmuri

恵比寿

白とグリーンの
やわらかで洗練されたショップ

入り口すぐにある、段差をつけられた花材コーナー。意外なグリーンの花に出合えることも。

白い花にグリーンのラナンキュラスが春らしいブーケ。気取らない愛らしさ。

恵比寿の街角にある「都会の野原」というコンセプトの「kusakanmuri」。扱う植物は、原則としてホワイトとグリーンのみという花店だ。「こんな花屋があるといいな、というのを形にしました」と話すのは株式会社草冠の代表取締役社長の堀田理佳さん。

2011年12月にオープンし、2017年に現在の場所に移転。店が生まれた背景は東日本大震災。人々にとって緑の色が癒しになるのでは、とのことから。あくまで主役はグリーン（草）、それを引き立てるのがホワイトの花というのがスタートだった。都会で働く女性への癒しにという思いがあったが、意外なことに男性の来店も多いという。

7坪ほどの店内は、チャコールグレーの壁で落ち着いた空間。生花が並ぶコーナーは、爽やかでありながらも、ロマンティックな愛らしさ。花色を絞っているとはいえ、思った以上に多くの種類の花、そして葉や枝。じっくり見ると、白い花でも色調やベースカラーの違いがあることに気がつく。グリーンの花も同様に、濃淡だけではない色みの微妙な違い。あらためて、この2つの色の奥深さに気づかされる。組み合わせることで、その魅力はより広がっていくのだろう。

植物以外にはオーガニックハーブティーや、チュニジアのオリーブを使ったフラワーベースなども扱っており、花だけではない癒しとも出合うことができる。

1. ケーキ用のショーケースのなかのアレンジメント。流木や切り株などと並べて、ナチュラルなかわいらしさがアップ。2. 優しい雰囲気の草花以外にも野趣溢れるネイティブフラワーなども揃っている。3. オリーブ特有の木目が美しい一輪挿し。チュニジアのオリーブの古木を小豆島の職人が制作したもの。4. 窓から見える場所には、季節の花を厳選してディスプレー。この日は春の白い花とサクラをゆったりと。白い花同士は相性がいい。5. フランス産、トルコ産の野生の花を摘み取ってつくられた、オーガニックハーブティーやフラワーベースが並ぶ。右の壁には、季節のアレンジメントやブーケのポスター。6. 小さなビルの1階にあり、扉のブルーグレーがスタイリッシュ。店外には鉢物のグリーンが並ぶ。

kusakanmuri

住　　　所	東京都渋谷区恵比寿西
	1-16-4 長谷戸ビル1F
電　　　話	03-6415-4193
定 休 日	火・日
Instagram	@kusakanmuri_com

5

6

SORCERY
DRESSING

恵比寿

ボリューム、センス、利便性、
どれもが圧倒的！

扉を開けると、壁際に鮮やかな色の生花コーナー。お客さんが花を選びやすく取りやすいように並べている。

同系色を基本として、隣り合う花は
相性のいいものが配置されている。

　恵比寿駅西口の交差点の向かいにあるショーウインドーが印象的な3階建てのビルが「SORCERY DRESSING」。2014年にオープンしたこの店のダークグレーを基調とした外観と内装は、都会的でスタイリッシュ。店での販売以外に、近隣の飲食店の装飾も手がけている。

　奥行きのある約10坪の店内は、1階は生花、2階は観葉植物やドライフラワーと分けている。入り口すぐの壁沿いには、ボリュームたっぷりの生花がびっしりと並ぶ。「かわいいというオーダーよりも、かっこいいイメージで、というお客様が多いですね」と話すのはオーナーの森宏之さん。かつては別の場所で店を経営していたが、この場所でリスタートした。

　商品はお客さんが自由に選ぶスタイルなので、ディスプレーは高低差をつけて取りやすさを重視。生花は色別に並べ、隣り合う花はブーケにしたときに相性のいい花にするなど、工夫をしている。一年を通じて深いレッドやボルドーなど、アンティークカラーが圧倒的に人気。ギフトのオーダーが多いため、すぐに持ち帰れるブーケも販売している。クールな雰囲気から、性別を問わず人気が高い店だ。

1. 2階へ続く階段前には大きな葉物や枝などが並ぶ。壁にシルエットが投影され、幻想的。2. 2階はドライフラワーや観葉植物のフロア。手軽に育てやすい多肉植物も多く扱っている。

1

1. 薬瓶に詰め込んだドライフラワー。このまま飾るだけで絵に
なる。2. ショップオリジナルのブーケバック。ブーケを入れて
持ち運べる。3. ブーケバッグは色とサイズ、素材がさまざま。
1点1点手作り。4. 花材コーナー前の壁にはつくり置きのブーケ。
サイズや色違いなどで、時間がないときでもすぐに購入できる。

SORCERY DRESSING

住　　所　東京都渋谷区恵比寿西1-7-6
電　　話　03-6427-8013
定 休 日　なし
Instagram　@sorcerydressing

2

3

4

SORCERY DRESSING

To form the sensitivity

利便性抜群の恵比寿駅前にある
ダークグレーのビルが目印。

器はなんでもOK!
身の回りの器を自由に使ってみよう

1

2

3

4

5

6

7

1. 日本酒のユニークなボトルを使用。**2.** ゴブレットに短いラケナリアをさりげなく。器の縁に花を寄りかかるように生けて。**3.** ジャムの瓶にフリージア。空き瓶の再利用は手軽でおすすめ。**4.** 食器の陶器やガラスのボールを使って、球根つきの小さな花をあしらう。**5.** 急須にドライの実を合わせて。**6.** タケをカットして器として利用。使用しているうちに色が変化していくのも魅力。**7.** スイセンが生けられているのは、陶器のタンブラー。気に入った器に、好きな花を合わせてみよう。
（ 1. FLOWERS NEST / 2. Fleurs de chocolat / 3〜7. 野の花 司 ）

8

9

10

11

12

8. ワインの空き瓶を再利用。9. タケは節が仕切りになるので、長めに使いたい場合は節を削って深さを出したり、短くカットしたりと自由度も高い。和を手軽に取り入れたいときにおすすめ。しかもエコなのも嬉しい。10. ビール、日本酒などの空き瓶を再利用。11. ラベルやエチケットも剥がさずに使っている。12. スープカップに小さなムスカリをざっくりと。あえてきっちり整えすぎない。
（8、10、11. FLOWERS NEST／9. 野の花 司／12. 4ひきのねこ）

自宅に取り入れたい！
プロのスタイリングテクニック

家具と合わせる

1

2

3

4

5

6

7

1. 古い梯子や椅子などに植物を合わせて。**2.** 木箱は、収納にもディスプレーにも。**3.** 鏡に花を写り込ませるのも効果的。**4.** バスケットを梯子に吊るし、つる性の植物を入れて垂らしても。**5.** 棚のなかにライトを灯したり、扉にリースを掛けたり。**6.** 背面が壁の棚の上は植物をきれいに見せるのにぴったり。**7.** 区切られた棚のなかのお気に入りのスペースに花を飾り、好きな世界感をつくる。
（1〜3.Fleurs de chocolat /
4〜5.Fleuriste PETIT à PETIT /
6. 4ひきのねこ / 7. farver）

吊るすアイデア

1

2

3

4

5

6

7

1. クールなランプシェードは電球を外して植物を入れて。2. 小さなフラワーベースを麻紐で吊るす。3、4. 天井から観葉植物やオブジェを、高低差をつけて吊るしてダイナミックに。マクラメも取り入れやすいアイテム。5. 棚上を生かして。上部で固定して見せる。6. 細長い板にS字フックを使い、ドライフラワーを吊るす。7. 天井のダクトレールにフックを使って、吊り下げている。ピクチャーレールで代用も可能。
（1. MIDORI / 2〜4. 葉花 (habana) / 5. 4 ひきのねこ / 6〜7. marmelo）

marmelo

池ノ上

ガーリー＆ナチュラル
な空間

コリアンダーやゼラニウムなどのハーブに初夏の花を合わせたブーケ。

友人が制作した棚の上部分は、ディスプレー棚として活用。広くはないが、定期的な模様替えをすることも多い。

1

2

3

4

イギリスのアンティーク什器や花柄のティーカップ、手作りのシンプルな棚にはピンクの花々。愛らしさと素朴さの絶妙なバランスで魅了するのは、世田谷区代沢にある「marmelo」。オーナーの小野寺千絵さんは、幼い頃から花が好きで「お花屋さんになる！」という夢を追いかけ、2014年9月に店をオープン。小売や装飾、造園などと幅広く活動している。

約5坪の店内は、壁、天井、窓を活用し、小野寺さんのキュートな世界観でまとめられている。天井のライトレールにはドライフラワーやハンギングの観葉植物を吊り下げ、空間に奥行きを出している。生花が並ぶ後ろの壁にはオーダーしたシンプルな棚を設え、小さめのフラワーベースに花をあしらったり、雑貨を並べたりと魅せる工夫をしている。

生花は、小野寺さんが好む花を中心に仕入れている。「一般的なバラやカーネーションなどを仕入れることも多いです。特にカーネーションは通年仕入れています。ピンク色の花が好きなので、ついついピンクの花を手にとってしまいますね」。ピンクの花に草花や葉物を合わせることで、甘さを抑えておしゃれに。ナチュラルでガーリーな世界観が楽しめる花店だ。

1. プリザーブドグリーンとドライフラワーで制作したランプシェード。小野寺さんの手作り商品でバリエーションも豊富。2. 空間を彩るには大きな枝物がマスト。涼しげなドウダンツツジは初夏から夏にかけておすすめ。3. 大きな窓に取り付けた棚にはハーバリウム。ミモザやネイティブフラワーが入ったものが定番人気。4. 2020年春に制作したオリジナルショップバッグ。友人のイラストレーターいよりさきさんに依頼。5. オープン時に購入したイギリスのアンティーク台に、アンティークの食器と花をスタイリング。6. 店外には季節の花苗や花木がたくさん。小野寺さんは植栽の仕事も手掛ける。

marmelo

住　　　所	東京都世田谷区代沢
	2-36-30 廣井ビル 1F
電　　　話	03-5787-8963
定 休 日	月・火
Instagram	@marmelo.flower

5

6

生花コーナーの奥にある印象的な白い棚。ディスプレー棚としても収納としても活躍。

Fleuriste
PETIT à PETIT

桜新町

とびきりおしゃれな
町の花屋さん

手軽に購入できる季節の花束。英字新聞とクラフト紙のラッピングが素敵。

　春にはミモザ、ジャスミン、ツルバラの花が咲き、店全体が花に囲まれる「Fleuriste PETIT à PETIT」。桜新町の古いアパートの1階にあるこの店は、白く愛らしい外観に大きなガラス窓が特徴的だ。

　明るい店内の壁にはドライフラワーのリースやボタニカルアートがディスプレーされ、ふわっとやわらかな空気に包まれている。「南向きの明るい店なので、南仏っぽいイメージでまとめています」とオーナーの新井順子さん。古材を生かした内装は温かみがあり、棚に並ぶヴィンテージ雑貨や食器とも相性がいい。緩やかな勾配をつけて生花を並べているテーブルは、ブッチャーズテーブルという肉屋さんで使われていたもの。国内外の古道具を什器として使用しており、どれもレトロでかわいらしい。店の奥では初心者向けや資格取得を目指すコースなど各種レッスンを開催している。

　2012年のオープン以来、生花はできるだけ新鮮で品質のいいものを提供したいとの思いから、水曜日と金曜日に仕入れ、土日で売り切るように努めている。「定休日（月・火）明けには、フレッシュな花を迎えたいのです」。来店する人は地域に住む人も多く、花を買うだけでなく、店でお喋りを楽しんでいく人も少なくない。「基本は町のお花屋さん。日常に飾る花を選ぶ、生活に寄り添う店でありたいですね」と笑顔で話す新井さんだった。

上.ニュアンスのあるピンクやベージュなどの花がキュート。花の間にバスケットを差し込むなど演出もおしゃれだ。下.白を基調とした外観には、ハゴロモジャスミンとツルバラが繁茂している。壁には店名とツバメが描かれ、欧州のお店のような窓枠が印象的。

Fleuriste PETIT à PETIT

住　　所	東京都世田谷区駒沢 3-27-2
電　　話	03-6805-5232
定 休 日	月・火
Instagram	@fleuriste_petitapetit

上．棚には美しいガラスのフラワーベースが、一輪挿しや大きなものまでずらりと
並ぶ。「クリアなガラスだと水の汚れがすぐにわかるので、初心者の人にはおすす
めです」と新井さん。下．フェミニンなかわいらしさと素朴さが美しい。壁にかけ
られたドライフラワーのリースは人気の商品。天井にはツゲの枝を吊るしている。

Fleurs de chocolat

用賀

季節の美しさを届ける
大人のショップ

扉を開けてすぐのコーナー。
可憐な季節の草花が引き立つ
ようにディスプレーしている。

茎の曲がりがおもしろいアネモネを空き瓶に。
シンプルな器が植物のフォルムを強調する。

1

2

世田谷区上用賀の「Fleurs de chocolat」は、木枠の格子窓と木の扉が印象的なパリスタイルの花店。コンクリート打ち放しの壁が目を引く店内は、ヴィンテージ家具と古木などを中心にディスプレーされている。オーナーの古賀朝子さんは、レッスンや撮影などで活躍するフローリストだ。

植物の色と緑が美しく広がる店内では、静寂で穏やかな時間が流れる。女性的でエレガントな空間。それは、古賀さんのたおやかな佇まいに通じるものがある。棚やテーブルやベンチなどに並ぶ生花のディスプレーは、季節と色を意識している。ユニークなのは、生花のなかにかわいらしい雑貨も一緒にディスプレーされていること。その理由は「特別なときの花だけではなく、日々の暮らしで花を楽しんでほしいので」と古賀さん。雑貨は海外で買い付けたレトロなものが中心。

「季節により仕入れる花が変わるので、店の色も大きく変わりますよ」と話す。季節を大事にしているからこその変化である。古賀さんが一番好きな季節はこっくりとした色が魅力な秋だとか。丁寧に整えられた店内で感じる四季の移り変わりは、ひときわ趣深い。

1. チューリップやラナンキュラスでまとめたコーナー。白やグリーン以外は、色別に並べていない。梯子、木箱などで高低差がつけられ、見やすい。2. 古賀さんが好きと話す、白とグリーンのコーナー。深い緑と白、そしてブリキの什器など、しっとりとした世界観でまとめられている。

Fleurs de chocolat

住　　所	東京都世田谷区上用賀 5-9-16
電　　話	03-5717-6878
定休日	月（祝祭日の場合は火）
Instagram	@fleurs_de_chocolat

3

3. 奥のグリーンの棚はヴィンテージもの。海外から買い付けた雑貨などをディスプレーしている。4. 店外はガーデニングが楽しめる苗物や草花の鉢物が並ぶ。古い椅子の上には、金属のトレーに入った多肉植物とハゴロモジャスミン。5. コンクリート打ち放しの壁に、高い天井。季節の枝物も必ず店頭には並ぶ。写真は白モクレン。壁のリースも人気だ。

4

5

duft

松陰神社前

**いつもと違う花、
違う色を選びたくなる
ショップ**

壁面の棚に並ぶフラワーベース。多色の空間でありながら絶妙な統一感があり、美しい。

「どの子（花）もかわいいように見せたい」という若井さんのディスプレーは、花が変わるごとに変化する。

花が単体で美しいのはもちろんだが、duftの手にかかることで魅力的に、そのうえ今までとは違う表情を見せてくれる。

1

2

　東急世田谷線松陰神社前駅から徒歩1分の線路沿い、築50年の木造アパートをリノベーションした建物、松陰PLATの1階にあるのが「duft」。オーナーの若井ちえみさんは、中目黒の「farver」(P.92)で勤務後独立した。実家のある札幌市から上京以来、この街に住み、ここで店を持つことを目標にしていた。

　外観も内観も極めてミニマルでシンプル。壁や什器などはグレー、シルバー、ブラック、ホワイトでまとめられ、鮮やかな色は生花とフラワーベースだけという潔さ。店内中央の大きなテーブルには、色とりどりの生花が並んでいるが、思わず見惚れてしまうほどの色合わせ。「花屋なんだから、どの花もかわいらしく見せなければ!」という思いで、隣り合う花の相性を考えながら並べている。同系色や補色に限らない豊かな色合わせは、若井さん

の手から生まれたブーケやアレンジメントと同様に現代的。

　制作や接客を基本的に一人で行っているため、営業日は限定的だが、duftの世界に触れるため遠方から足を運ぶ人も多い。若井さんは生花にこだわり、その魅力を伝え続けている。

1. シノワリズムを感じる陶器にラインが美しいフリージアを合わせて。台はオープン時につくったオリジナルで、スタッキングできる。2. アンティークやヴィンテージなど、国内外の器を扱っている。3. 個性的な器が多いのも魅力。4. オーナーの若井ちえみさん。鏡越しに映る花も美しい。5. グレーの壁のシンプルな店内。照明や什器などのパーツはドイツから取り寄せたものも多い。

duft

住　　　所　東京都世田谷区世田谷4-13-20 松陰PLAT#B
電　　　話　03-6884-1589
定 休 日　不定休
Instagram　@chiemiwakai_duft

3

4

5

おすすめの花

アスター

花びらの枚数が多く丸いフォルムで、従来のアスターのイメージを一変させる注目の花。キクやダリアのような華やかさと草花らしいかわいらしさを合わせ持ちます。花色もピンク、レッド、アプリコットなど、パープル系以外も豊富。ナチュラルなブーケに入れても素敵です。

バンダ

花の形と色がモダンなバンダは東南アジアを原産地とするランの1種です。花びらは厚く網目のような模様があり、色もパープル以外に黄色やピンク系など豊富。エキゾチックで存在感があり、ギフトフラワーに入れるとゴージャスなイメージに。長く楽しめるので、自宅で飾るのもおすすめです。

ジャーマンアイリス

アイリスのなかでも花びらが長く、存在感のあるジャーマンアイリス。生花での流通は極めて少なく、5月の短い期間だけ少し流通します。長く楽しめる花ではないものの、短い旬と美しさを楽しむことができます。花色は写真のブルーやイエロー以外にパープルやブラウン、ピンクがかったものなどさまざまです。

ミモザ

植物名はアカシア。ミモザはフランス語名。1月から3月にふわふわとした黄色い花を咲かせ、かわいらしい質感と色で人気があります。意外にも種類が多く、葉の色や形も異なり、近頃は庭木としても人気があります。乾燥に弱いですが、手軽にドライフラワーにして楽しむこともできます。

原種系と呼ばれる、通常のチューリップよりも小型で控えめな佇まいが特徴のチューリップ。球根付きは1〜3月に出回ります。飾るときには、球根を見せるようにガラスの器やプレートに飾るのがおすすめ。水が多いと球根が腐りやすいので、水は控えめに生けましょう。

**球根付き
チューリップ**

別名ファレノプシスと呼ばれるラン。お祝いの席で鉢物として見かけることが多い花ですが、切り花でのおすすめは、花が少し小型タイプでミディと呼ばれるもの。シックなワインカラーやイエロー、アプリコットなど色数があり、ブーケやアレンジメントなどと合わせるのはもちろん、1種類だけで飾っても素敵です。日持ちがよく、長く楽しめるのもポイント。

コチョウラン

日本原産の花であるツバキ。切り花では、早いもので12月から出回ります。古くから日本人に愛された花の一つで、江戸時代には庶民の間にも品種交配が流行るなど、多くの園芸種があります。西洋では英語名の「カメリア」で高い人気を誇ります。一重、八重咲き、絞りが入ったもの、色も豊富で組み合わせによって華やかにも控えめにもなります。美しい緑の葉は冬の季節によく映えます。

ツバキ

購入時のポイント

　花市場に生花が多く入荷するのは、月曜日、水曜日、金曜日です。花屋さんでは仕入れてから、水あげという作業をし、整えてからお店に並べます。お店にもよりますが、月・水・金の夕方にはその日仕入れた花が並ぶお店がほとんどです（異なる場合もあります）。　花選びにルールはありません。誰かへのギフト、自宅で長く飾る、今夜のパーティーだけで飾るなど、用途がわかる場合は、花屋さんに相談してみましょう。自宅で長く飾る場合は、蕾の花を選ぶと変化を楽しめますが、パーティーなど今すぐ華やかにしたいときはきれいに咲いている花を選びましょう。季節によっては、入荷や生産がない花もあります。天候の影響も受けます。どうしてもこの花でなくては！と考えすぎず、季節の一期一会の出合いを楽しんでみましょう。

はじめての
フラワーベースの選び方

　はじめてのフラワーベースには気軽に飾りやすいものを選びましょう。1本や2本だけ飾りたいという人には、口が狭くなっているフォルムがおすすめ。細い口元が花を固定させ、茎が入るところに遊びがあることで、少し斜めに生けるなど形が決まりやすいのです。大きさは、フラワーベースの底から縁までの高さと花の長さ（茎の先端から花の顔にあたる部分まで）が、1対1〜1.6くらいだと、失敗しづらいでしょう（もちろん、花の種類や器の形によってもバランスは変わります）。シリンダー型や口の広いフラワーベースは、たくさんの花やブーケなどを飾るときにおすすめです。

モードっぽさを意識して仕入れている、
と加藤さん。取材日はくすみがかった
パープルカラーの花が多めだった。

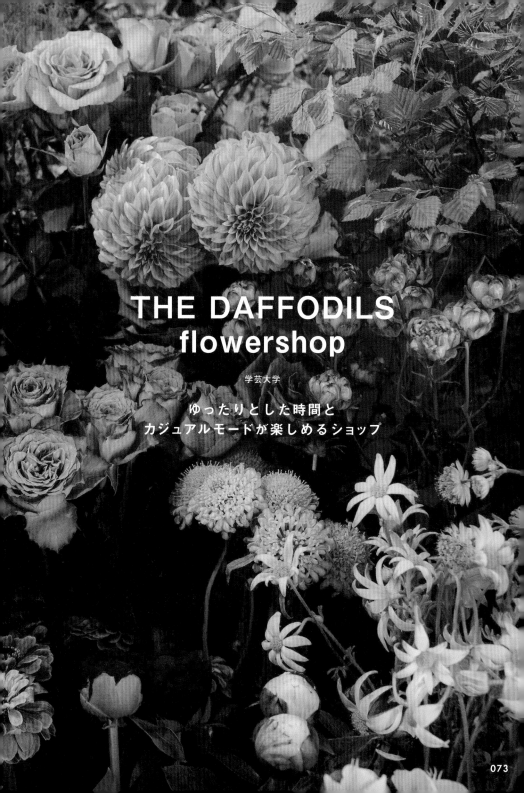

THE DAFFODILS
flowershop

学芸大学

**ゆったりとした時間と
カジュアルモードが楽しめるショップ**

ざっくりと飾られたドライフ
ラワー。ディスプレーの一部
として店に溶け込んでいる。

テラスには、大きなアガベ、観葉植物や草花の鉢物が並び、ナチュラルな賑わい感がある。

　東急東横線学芸大学駅の商店街からほど近い閑静な住宅地にある「THE DAFFODILS flowershop」。店名はイギリスのロマン派詩人、ウィリアム・ワーズワースの詩から命名。daffodilsとは、かの地で春をもたらす花として知られる黄色のラッパスイセンのこと。

　エントランスのテラスには、背の高いユーカリや大きなアガベの鉢が小さなジャングルのように置かれている。オーナーは大学在学中からフローリストを目指した加藤寛樹さん。神奈川県横須賀市の花店で技術を磨き、2017年5月に独立した。

　無垢のフローリングの床に白熱灯の店内は、鮮やかな生花やドライフラワーがよく映える。生花はそれぞれの顔が美しく見えるようひな壇のように並べられ、全体の統一感を意識している。人気はグレイッシュなパープルなどのモードな色。葉や枝物もあるが、圧倒的な花のボリューム感は見応えがある。そのうえ什器として使用しているヴィンテージ家具が花色をより引き立てる。天井や店内にさりげなく置かれている大きめのドライフラワーも空間に映え、加藤さんがイギリス好きというのが頷ける世界観だ。

　ブーケなどを制作するカウンター近くにある棚には、フラワーベースや雑貨、洋書などがさりげなく並べてある。スタイリッシュでありつつ、懐かしく感じる雰囲気は、加藤さんの気取らない人柄によるところも大きいだろう。

上．独立にあたり、さまざまな地域へ足を運び見つけたのが学芸大学。オープンから3年を迎え、近隣の人もすっかり常連に。左．2周年のオープンに合わせて制作したトートバッグ。カーキと生成りの2色。

THE DAFFODILS flowershop

住　　所	東京都目黒区鷹番2-5-17
電　　話	03-6303-1669
定休日	木
Instagram	@the.daffodils.flowershop

加藤さんのイギリス好き、が伝わってくる
テラス。手を加え過ぎない美しさがある。"

BIONIC
PLANTS

都立大学

都会的なラフさの
二面性が魅力

ガレージスペースにはたくさ
んのグリーンとともにソファ
が置かれ、開放感のある雰囲気。

グリーンがメインのガレージスペースとは一線を画す、生花コーナー。鮮やかな花色や個性的なニュアンスカラーの花が並ぶ。

東急東横線都立大学駅から徒歩5分ほどの閑静な住宅地にある「BIONIC PLANTS」。黄色い鉢に植えられた大きなオリーブが印象的だ。かつては世田谷区奥沢に店を構えていたが、2018年3月に移転した。

1階のガレージには観葉植物をはじめとする鉢物がたくさん。コウモリランや南アフリカ原産のピンクッションなど個性的な植物と流木、ドライフラワーなどを組み合わせた空間は、アメリカ西海岸のような開放感。植物の間に置かれたレトロな家具との組み合わせもナチュラルだ。

店の雰囲気はガレージの世界観と一変する。特注のダークグレーの什器と白壁が、色別に美しくディスプレーされた生花の存在を引き立てる。植物の美しさ、生命力を注視できる空間だ。

楠木誠悟さんと後藤亜希子さんで2013年にスタートし、現在は楠木さんの弟康平さんも加わり、3人で活動している。当初は、ビビットカラーのインパクトがあるスタイルを全面に打ち出していたが、現在ではナチュラルなデザインも手がけるように。活動の幅は広く、ウェディングや装飾、個人客へ毎週送るWeekly flowerという定期便も行っている。奥沢時代からの常連や近隣住民の来店が多いが、デザインの引き出しが多い店ゆえ、SNSをきっかけに遠方から足を運ぶ人も多い。

2

3

1

1. 作業場カウンター壁のワイヤーの道具掛け。仕事に必要な道具を掛けている。2. ガレージスペースには大きな枝物やネイティブフラワーを。ラフカジュアルな雰囲気。3. ショップ外観。大きなロシアンオリーブが印象的だ。

BIONIC PLANTS

住　　所	東京都目黒区八雲 1-8-4
電　　話	03-6421-1977
定 休 日	不定休
Instagram	@bionicplants

白く塗った壁に棚を取り
付け、ディスプレー台とし
て使用。トーテムポール
のような置物はお客さん
からの海外のお土産。動
物たちの表情がユニーク。

BLOOM & STRIPES

奥沢

**遊び心溢れる
ブリティッシュスタイル**

カウンター奥の作業スペースに
花材を置いているのがユニーク。

一見すると菓子店のような雰囲気のカウンター。手前には持ち帰りで
きるアーティフィシャルフラワーのアレンジメントなどを置いている。

1

　世田谷区奥沢の奥沢神社からほど近い場所にある「BLOOM&STRIPES／ブルーム＆ストライプス」は、一見するとコーヒースタンドのようなスタイリッシュな佇まいが特徴。2010年オープン時に、「イギリスに憧れるアメリカ人のショップ」というイメージで作りあげたという店は、クラシカルでありながら、ジャンクな雰囲気もある独特な花店だ。オーナー兼チーフデザイナーの今井純子さんは、イギリスにフラワーデザインの留学経験がある。制作するアレンジメントやブーケはナチュラルでありつつも、ビビッドな色を合わせるなどの遊び心を感じられるスタイル。

　店内はすっきりと整えられているが、「花の素材感や、色の組み合わせなどを楽しんでほしい」と話す純子さんらしく、カウンター前には鮮やかなアーティフィシャルフラワーのアレンジメントとアメリカンテイストの雑貨が並ぶ。花材コーナーはカウンター奥のテーブルに設け、お客さんはカウンターからオーダーするシステムだ。かつては店頭に花材を並べていたが、来店して持ち帰るお客さんよりも、オーダーして後日受け取りのギフト需要が多いことで、3年前に改装した。フローリストの作業風景をカウンター越しに見ることができるのも楽しい。

BLOOM&STRIPES

住　　所　東京都世田谷区奥沢 5-14-1
電　　話　03-6421-1187
定 休 日　日
Instagram　@bloomandstripes

店舗デザイン

Matoba Construction Work
埼玉県入間市扇台 5-6-14
090-2754-6455

店舗施工

有限会社的場建設
埼玉県入間市仏子 1663-18
090-5784-0074

2

1. 花材はガラスのフラワーベースに生けられ、美しく整えられている。奥の棚はブランドカラーでもある深いネイビー。2. 店内はシンプル。木の棚には洋書とともに北欧のフラワーベースが並んでいる。3. 壁に華やかなイラストが描かれた外観。窓枠やサインなどはブルーグレーで統一され、スタイリッシュ。

3

FLOWERS NEST

中目黒

洗練された
センスとクオリティ

入口から奥まで続くディスプレー台の花
は季節や仕入れによって大きく変化する。

店奥のテーブルには、制作で
余った花などを集めてディス
プレー。さりげなくも美しい。

中目黒の立体交差点から、代官山へ向かう駒沢通り沿いにある「FLOWERS NEST」。赤いテントに白い枠のガラスの扉が印象的だ。扉を開けると、入り口から店の奥まで花があふれんばかりに美しくディスプレーされ、季節の彩りが目に飛び込んでくる。オーナーである富吉泰元さんは、六本木の花店で働いたのち、30歳で独立。2020年で創業30年を迎える。富吉さんの長年の丁寧な仕事ぶりは、高く評価され、恵比寿や代官山などの有名料理店のオーナーシェフたちも装飾の相談をするために来店するほど信頼が厚い。

　店内のディスプレーは富吉さん自身が行う。仕入れた花や季節に応じて、背の高い枝物から並べたり、色別に整えたりなど、日々変わるという。ただし、常に自身が納得するまでディスプレーをし直す。取材時は、大きな壺にいけたボケを囲むように、並べていた。花を生けている器も形、サイズ、素材はそれぞれ。ユニークなのは、ガラスのフラワーベースのなかに、アンティークの器やエチケットがついているワインボトル、ビール瓶なども使われていること。気軽に花を楽しんでいいんだよ、と背中を押されるような気持ちになる。華やかなバラやチューリップに埋もれてしまいそうな、ひそやかな草花やランなども、ぴたりと合う器に生けられ、あらゆる花の魅力、美しさに気づかせてくれる店である。

1. 入り口横のスペースは切り株や花台を使ってディスプレー。
2. フラワーベースにこだわらず、空き瓶やコンポート皿のような器など、花の大きさと見せるスペースに応じた器使いが素敵。

1

2

3

3. 店奥から入り口を見る。背の高い枝物を1カ所にまとめず、バランスよくレイアウトし、空間をより伸びやかに見せている。4. 店奥の花台には、長野県飯田市の松山洋蘭園から毎週仕入れている希少なランが並ぶ。他店では見かけない種類が多い。5. 店内の壁には大型パネルの花の写真がいくつも飾られている。

4

5

6

6. 壁に取り付けた棚板は店奥まで続く。棚や棚板下には器がぎっしり。汎用品もあれば、骨董などもある。
7. ガラスのフラワーベースのなかに、鮮やかなブルーの陶器を合わせるなど、花と器の絶妙なスタイリング。

7

FLOWERS NEST

住　所	東京都目黒区中目黒 1-10-25
	フレンドパレス 1F
電　話	03-3712-1171
定 休 日	不定休
Instagram	@flowersnest_official

farver

中目黒

都会の秘密の花園

左．窓際に並ぶ花の様子は
まるで絵画のよう。深いグ
リーンの壁色に白い窓枠と
のコントラストが印象的。
右．渡辺さんが2020年の
トレンドの花と感じるバラ
とコチョウラン。どちらも
華やかな花だが、小さなフ
ラワーベースに生けてシン
プルに楽しむこともできる。

上 . 店奥の鏡に映りこむ店内の風景。暗めの照明で異世界へ来たような気持ちに。下 . 花材コーナーにいくつかの棚とテーブルが 2 つあるシンプルな店内。壁は深いグリーンに塗っている。

中目黒の目黒区総合庁舎近くにある「farver」
は、秘密の花園というコンセプトがぴったり
の花店。控えめな木の扉、その隣にはグリム
童話の世界に出てきそうな窓がある。店の外
に飾っている一輪挿しがなければ、花店とは
気がつかない人も多いだろう。

　天井が低い店内は、照明を暗く設定してい
る。深いグリーンの壁が鮮やかな生花を際立
たせ、まるで幻想的な世界に迷い込んだかの
よう。ブライダルやショップディスプレーなど
も多く手掛けるオーナーの渡辺礼人さんは、
花柄のシャツが好きだったことがきっかけで
花の道へ入り、2020年、独立して10年を迎え
た。渡辺さんの時代を先読みするセンスによ
って、ドライフラワーが人気になるきっかけの
一端を担った店でもある（現在は扱っていない）。

　一枚の絵画のように整えられた花材コーナ
ーは、スタンドライトの光が当たると、さら
に美しく輝く。このお店だからこそ、できる
演出。かつてはトレンドを強く意識したこと
もあったが、今は日本の四季と生産者の思い
を伝えることに力を入れている。神奈川県の
浜田バラ園や長野県の信州片桐花卉など、特
色のある生産地の花を仕入れている。

　また、フラワーベースも充実の品揃えだ。「花
を買うことが初めてという若いお客様もいら
っしゃるので、間違った認識を持ってほしく
なくて」と、気軽に1本からでも楽しめるよ
うな店づくりと接客を行っている。

1. セルジュ・ムーユのデスクライトの横にフラワーベース
を置くなど、日常でも取り入れられるスタイリングなども提
案。2. 花は生産地を厳選してセレクト。陰影が花の美しさ
をより引き出す。3. 中央に置いているテーブルは打ち合わ
せや簡単な作業で使用。奥の棚にはフラワーベースが並ぶ。

farver

住　　所	東京都目黒区中目黒 3-13-31 U-TOMER 1F
電　　話	03-6451-0056
定 休 日	火・第3月
Instagram	@farver_conduit_official

1

2

3

ex. flower shop & laboratory

中目黒

光のなかで
ゆったり植物と触れ合う

美しく咲いたシャクヤク。季節感と生産地にこだわった仕入れをしている。

上．店内奥には手頃なサイズ感の観葉植物コーナー。勾配天井が屋根裏部屋のような雰囲気を醸し出す。下．エントランスからメインの店内へは観葉植物が並ぶ通路を通る。たくさんの緑が気持ちいい。

生花はカウンター前のテーブルに勾配
をつけて見やすいように並べている。
くすみのあるニュアンスカラーや中間
色など優しいナチュラルな色が多め。

1

2

　中目黒のブルーボトルコーヒーと同じビル
の3階にある「ex. flower shop & laboratory」。
運営するのは株式会社 BOTANIC。以前は同じ
中目黒に小さな店を構えていたが、2020年2
月1日に現在の場所へ移転した。都内に計3
店舗（代々木上原、蔵前、中目黒）あるが、中目
黒店が最も広く、生花、観葉植物ともに種類
が豊富だ。「観葉植物をこんなに扱うことは、
新しい挑戦になりますね」と代表の上甲友規
さん。1階のブルーボトルコーヒー店内の植物
もスタイリングを担当している。
　階段で3階のお店へ向かうと、入り口から店
舗までの通路に並ぶたくさんの観葉植物が迎え

てくれる。アクセントカラーのダークグリーン
の壁色に植物の存在が際立ち、スタイリッシュ。
全方向から光が入る明るい店内は、勾配のある
天井が屋根裏部屋のようでワクワクする空間だ。
中央のテーブルには、色とりどりの生花がディ
スプレーされ、棚にはサボテンや多肉植物など
の小さな鉢が美しく並んでいる。生花は透明感
のある色を中心にセレクトされ、どれも控えめ
ながらも個性のある色や形で、珍しい八重咲き
のスカシユリやブラウンカラーのトルコギキョ
ウが目に留まる。植物以外には、ショップオリ
ジナルの徳島・大谷焼のフラワーベースや作家
ものの器や海外のフラワーベースなども揃う。

We experiment,
experience,
explore the possibility of flowers.

3

4

　I 階でコーヒーを購入し、飲みながらの来店も OK なため、ふらりと立ち寄りながら、ゆったりと植物と空間を楽しんでいく人が多い。今後はブルーボトルコーヒーとのコラボレーション企画なども計画中。これからの広がりが楽しみだ。

1. ショップオリジナルの大谷焼のフラワーベース。色バリエーションも豊富で、人気が高い。**2.** 階段の鉄骨の梁には蔓性のアイビーやグリーンネックレスをディスプレー。**3.** 3 階へ向かう階段に書かれたメッセージ。これから出合う空間にときめく。**4.** 通路に並ぶのは、大きめの観葉植物。シンプルな器に植え替えてあり、スタイリッシュ。**5.** 長年人気の陶芸家、aco pottery の繊細なフラワーベース。

5

ex. flower shop & laboratory

住　　所　東京都目黒区中目黒 3-23-16 3F
電　　話　03-3712-2855
定 休 日　なし
Instagram　@exflowershop

irotoiro

中目黒

やさしい風と植物の息遣いを
感じるショップ

入り口すぐのコーナー。天井からはドライフラワーやエアプランツを吊るすなど、ダイナミックな演出が魅力的。

大きなアセビの枝を中心に置き、周りに生花を並べている。

1

2

3

4

祐天寺駅から徒歩5分の駒沢通り沿いにある「irotoiro」。かつてアパレルショップだった店内は、天井が高く光もよく入る明るい空間だ。オーナーの三浦裕二さんは「FLOWERS NEST」(P.86)で長く働き、2012年に独立。オープン当時は現在の場所よりも学芸大学駅寄りだったが、2017年に現在の場所へ移転した。

ベンチが置かれ、ヤドリギがディスプレーされた外観は、アカシアやプロテア、オリーブ、ユーカリなどの鉢が並べられ、ナチュラルだが個性的な雰囲気が伝わってくる。

店内は生花、観葉植物、ドライフラワーで緩やかに分けられ、それぞれの世界観で統一されている。とはいえ、三浦さんが自ら塗ったクリーム色の壁に、無垢のフローリングと

ヴィンテージの家具があることで、全体的な調和も保たれている。

生花はメインの大きなテーブル2つと入り口周辺と数カ所に分けてディスプレーされ、どこを切り取っても見惚れてしまう美しさ。大きな枝を生かし、さまざまな色を混ぜながら、それぞれが引き立つ場所を見つけるという三浦さん。「長く花の仕事をしているからかもしれませんが、この花はここに置いてほしいだろうな、というのがわかるので、その直感で並べることが多いですね」と語る。

春の取材時は、三浦さんが好きなチューリップ、ラナンキュラス、アネモネの花が多く華やかな雰囲気。夏には観葉植物が増え、印象は大きく変わる。四季折々の変化も楽しめる店だ。

1. 壁に取り付けられた棚にはドライフラワーとともにヴィンテージの器などが並ぶ。
2. 店奥の木の棚にあるフラワーベースや益子焼の花瓶などは販売している。3. レジカウンターに置かれているショップカード。真鍮のコースターにドライの実と一緒にスタイリング。4. 古い道具や家具が好きという三浦さん。壁の渋いクリーム色が味のある家具ともマッチ。

irotoiro

住　　　所	東京都目黒区中目黒 5-27-24 1F
電　　　話	03-5708-5287
定 休 日	不定休
Instagram	@irotoiro_

はじめて花を飾る人に
基本のお手入れ

花を生活に取り入れるには、ちょっとした知識あれば大丈夫。
ここでは初心者が知っていると心強い、
基本の花のお手入れ方法をご紹介します。

用意するもの

生花

花の艶や葉、茎が元気に感じられるものを選びましょう。
どの花を選んでいいか、わからないときはお店の人に相
談してみましょう。

フラワーベース

フラワーベースを用意します。空き瓶や缶など水が溜め
られ、漏れない器なら大丈夫です。どんな器でもきれい
に洗ってから使用します。汚れがあると花を飾っている
うちに、バクテリアが発生し、花の持ちが悪くなります。
ブラシなどが届きにくい口の狭いフラワーベースの場合
は、キッチン用漂白剤を溶かした水をなかに入れ、しば
らくおいておくと、きれいになります。

花バサミ

花をカットするときには、花バサミを使い
ます。花バサミにはたくさんの種類があり
ますが、こちらの2つのハサミは初心者で
も使いやすいタイプです。花店や園芸店、
ホームセンターなどで販売しています。使
用したあとは、きれいに洗いましょう。ハ
サミが汚れていると、茎に菌が付着し、水
中にバクテリアが発生する原因になります。
ハサミが切りづらくなったら、研ぎましょう。
枝物などの太い枝をカットするときは、剪
定バサミを利用するのがおすすめです。

基本のお手入れ

→

→

(1) **飾る前の準備**

購入してきた花は紙に包まれていたり、足元に保水されていたりすることがほとんどです。飾る前にラッピングペーパーを外し、保水も外しましょう。水でできたゼリーで保水されている場合は、ゼリーを水で洗い流します。

(2) **葉を取る**

飾るときに水に浸かる茎の部分の葉を取ります。水のなかに葉が入ることで、水が汚れ、バクテリアが発生しやすくなります。ほとんどの葉は手で取ることができますが、ハサミを使用して取り除いても構いません。

(3) **水切り**

水を入れた容器に茎を入れ、水中で茎を斜めにカットします。斜めにカットすることで水を吸いやすくなることと、カットしたときに空気が入ることを防ぐために水中で切ります。カットしたあとは、すぐに水から出さずにしばらく水につけておくといいでしょう。水切りは花屋さんで購入後、すぐに飾る場合は不要です。また、飾っているうちに元気がなくなった場合にもおすすめです。

→

(4) **フラワーベースに生ける**

花屋さんで生花を購入すると、写真のような小さな袋の切り花栄養剤をつけてくれることがあります。切り花栄養剤には、殺菌剤と糖が含まれています。殺菌効果があるので、フラワーベースの水をきれいに保つことができます。糖は、花にとって栄養になるため、咲いた状態を長く保つ効果や蕾を大きく咲かせる効果があります。水に切り花栄養剤を入れて、適切に希釈※してから、フラワーベースに入れて利用します。切り花栄養剤は花屋さん、ホームセンターなどでボトルの大きなものも販売されています。
※切り花栄養剤各メーカーの指示に合わせて希釈すること。

(5) **飾る場所**

フラワーベースに生けた花は、直射日光やエアコンなどの空調があたらない場所に飾りましょう。

日々のお手入れ

水替え

切り花栄養剤を使用している場合は、フラワーベースの水が減ったら、希釈した水を注ぎ足します。切り花栄養剤を使用していない場合は、1日1回などできるだけこまめに水替えをします。フラワーベースのなかが汚れている場合は、水を捨てなかを洗ってから生けます。

茎を斜めにカットする

水替えのときに、合わせて行いたいのが茎をカットすること。これを切り戻しといいます。水切りで行なったように、茎を斜めにカットします。切り口が新しいことで、古い細胞を取り除き、より吸水しやすいようにします。

特別なお手入れ

深水 <small>ふかみず</small>

エアコンの風にあたってしまっていたり、フラワーベースの水が減っていたりして、気がついたら花がぐったりしていた！なんてこともあるでしょう。そんなときは、深水でケアしましょう。飾っていた花を新聞紙などの紙でくるくると巻き、たっぷりと水を入れた深い器のなかに入れ、水切りをします。そのままの状態で涼しい場所に2、3時間から一晩置きます。そうすると元気に復活することがほとんどです。紙に巻くことで葉からの蒸散を防ぐ効果があり、しっかり水を吸うのです。ただ、深水をしても元気にならない花や状態もあるので注意が必要です。

ギフトフラワーのお手入れ

ブーケ

ギフトでもらうブーケはラッピングをしてあることがほとんどです。ラッピングを外して、フラワーベースなどに飾りましょう。ブーケの場合は茎を紐やゴムなどで留めていますが、飾るときは、そのまま飾っても、外しても問題ありません。数種類の花を使っているブーケをそのまま飾る場合は、時間が経つと花によって持ちに差が出てきます。その場合は紐などを外して、元気がない花を取りのぞき、元気な花だけで飾り直すと長く楽しめます。通常のお手入れ同様に、水替えや切り花栄養剤の使用、茎を斜めに切ることなどを行うとより美しい状態をキープできます。

アレンジメント

フローラルフォームと呼ばれる、生花用の吸水性スポンジに水を吸わせて、花を挿したものをアレンジメントといいます。フラワーベースがない場所でも楽しめるものです。飾るときは、包んであるフィルムや紙などを外し、花の下部分にあるフローラルフォームに水をたっぷりあげます。1日1回は水を注ぎ足すことで、美しい状態をキープできます。楽しんだあとは、花を抜いてフローラルフォームを不燃ごみとして処分します。

生花をドライフラワーにする

生花をドライフラワーとして楽しむなら、生花で楽しまずに購入してからすぐに吊るすなどした方が美しい仕上がりになります。ただ梅雨などの湿度の高い時期には、乾燥する前にカビなどが発生することもあるので注意が必要です。また、トルコギキョウやキンギョソウなど水分を多く含む花は乾燥させることは難しいので、購入時に花屋さんに相談しながらドライフラワーに向いている花を選びましょう。

花別のお手入れ

バラ

一年中、流通しているバラ。切り花栄養剤を使うと日持ちがぐん！とよくなり、蕾も美しく咲きます。葉が少ない方が蒸散を抑えられるので、不要な葉は取りましょう。

シャクヤク

春から初夏限定のシャクヤク。蕾から満開までダイナミック。蕾の外側に蜜がついていると、虫が集まるため、水で洗い流したり、拭き取ったりします。余分な葉も取ります。

ユリ

写真はオリエンタルリリーと呼ばれる大輪のユリ。水をよく吸うため水切りせずに飾って、飾るときの水は多めに。咲き始めに雄しべを手やピンセットで摘み花粉を取ります。

ラナンキュラス

11月～4月に流通するキンポウゲ科の花。大輪種や一重など種類が豊富。栄養と水が不足すると茎がぽきんと折れるため、切り花栄養剤を使用しましょう。

チューリップ

形や色など多様なチューリップは暖房が効いた暖かい部屋だとすぐに咲き進むため、できるだけ涼しい場所に。葉が多いと蒸散が大きいので、不要な葉は取ります。

トルコギキョウ

別名リシアンサス。バラのような八重咲き大輪から、一重の繊細な小輪まで形、色ともに豊富。夏でも日持ちします。受粉すると花が萎んでしまうので、花を移動するときは要注意。

デルフィニウム

1mを超える大きな八重咲きや小輪などさまざまな種類があります。蒸れに弱く蒸散が大きいので、飾る際の水は多めに。切り花栄養剤を使用すると蕾も色づいて咲きます。

ヒマワリ

イエロー、オレンジ、レモンイエロー、ブラウンなど色も豊富で、八重咲きも人気。花首がしっかりしているものを選ぶのがポイント。葉は花より傷みやすいので、取りましょう。

宿根スターチス

宿根スターチスは種類が多く、写真はシネンシス系で色も豊富。ドライフラワーにしても色はきれいに残ります。水切りし、切り花栄養剤を使用します。

観葉植物のお手入れ

置き場所や管理

植物の場合は、種類により最適な置き場所はさまざま。とはいえ、エアコンの空調があたる場所などは向いていません。ほとんどの植物が生きていくために水と光以外に風も必要とします。換気ができる場所を選びましょう。風通しが悪いとカイガラムシという害虫がついたり、病気になったりすることがあります。また、ほとんどの植物にとっては原産地に近い環境がベストです。育て方に迷うときは、購入するお店で相談してみることが大切です。

水やり・肥料

室内で楽しめるほとんどの観葉植物の水やりのタイミングは、土が乾いてからです。1回の水やりの目安は、鉢底から水が流れてくるまで。多くの観葉植物は冬の間は成長を控えるため、水やりも控えめです。気温が上がってから成長します。庭木として育てる植物や多肉植物などは、その種類によって成長も水の量も変わります。購入時にお店の人に育て方をしっかりと聞きましょう。肥料で手頃なのは液肥（液体の肥料）です。花店、グリーンショップ、ホームセンターなどで取り扱いがあります。

取材中に見つけたおすすめグリーン

セローム、フィロデンドロン "シルバーメタル"

上がセローム、下がフィロデンドロン "シルバーメタル"。どちらも春から秋にかけては土の表面が乾いたら水をやり、冬の間は1週間に一回程度にします。水のやり過ぎは根腐れの原因になります。葉に霧吹きで水を与えることで、ハダニの発生を防ぎます。

ガジュマル

亜熱帯の植物、ガジュマルは室内では光が当たる環境がベスト。水やりは土が完全に乾いたら、水をたっぷりあげます。葉に霧吹きで水を与え乾燥を防ぎます。屋外やベランダでも育ちますが、耐寒温度が5℃なので秋になったら室内の日がよくあたるところへ。

サンセベリア

写真のような小さなタイプから、大きなすらりとしたもの、葉が細いものなど種類もたくさん。原産地が乾燥している熱帯地方なので、水やりは土の表面が乾いて2、3日たってから。冬は水やり不要ですが10℃以上の室温では月に1、2回水をあげます。

ネオレゲリア

パイナップル科で美しい花を咲かせます。高温多湿と日光を好み、室内では明るいところに。葉から吸水するので、広がった葉の筒状の根本に水が溜まるように。暑い時期は常に水が少量でも溜まるように。秋からは徐々に量を減らし冬は霧吹きだけに。

jardin nostalgique

神楽坂

美しいときめきと
楽しさに溢れるショップ

優しい色合いの花が多く並ぶ店内。

青江さん、加藤さんともに花市場で働いた経験があり、花のクオリティ、品揃えにはこだわりがある。

テーブルの上に、花とバスケットや洋書、布を合わせたスタイリング。映画のなかのワンシーンのよう。

神楽坂駅から早稲田通りに向かった裏にひっそりとあるのが、キュートな赤い扉が目印の「jardin nostalgique」。フランス語で「懐かしい庭」という意味だ。

　花店、カフェ、フラワーレッスンと多岐にわたる活動を行うこの店のオーナーは青江健一さん、加藤孝直さんのお二人。木の温もりを感じる店内は、生花だけでなく雑貨やドライフラワーなども多く、賑わいのある空間だ。一面だけが深い赤色に塗られている壁は、かつて青江さんが働いていたパリの花店の壁色と同じ色だ。レッスンを担当する青江さんが黒板代わりに利用している鏡とイラストがこの赤によく映えている。

　壁際の棚上やテーブルにディスプレーされた生花は、深みのあるアンティークカラーや淡い花色がたくさんの葉や枝とともに優しくまとめられている。花色の数は多いが、華やかというよりも自然体。テーブル上の洋書やバスケットを使ったスタイリングは、うっとりしてしまう愛らしさで、SNS映えを目的にカフェに来るお客さんが多いというのも頷ける。

　カウンター横の棚には、店内の厨房で加藤さんがつくった焼き菓子とともにフラワーベースをはじめとする雑貨が並ぶ。「花もお菓子もカフェも雑貨もある、おもちゃ箱のような空間です」と自店について表現する青江さんと加藤さん。その言葉通り、たくさんのときめきと出合うことができる。

赤い壁のアクセントカラー、天井のドライフラワー、そして美しい生花。まるで外国のショップに足を踏み入れたかのような雰囲気。

1

2

1. 小さな草花のドライフラワーでつくられた
スワッグ。ロマンティックで可愛らしい。2.
カウンター前の棚には焼き菓子や雑貨、イラ
ストレーターの花のポストカードなどが並ぶ。

jardin nostalgique

住　　　所	東京都新宿区天神町66-2 1F
電　　　話	03-6280-7665
定 休 日	火
Instagram	@jardinnostalgique

小路苑

神楽坂

歴史ある花街で
出合う美

紙の裁断工場だったため間口が広
く天井が高い。ガラスの引き戸か
らの光が店内を幻想的に見せる。

お店を持つ前から決めていた店
名は吉田さん自身の名前から。

たくさんの花を背にしたソファ。制作を待ちながら座る人も多い。

　2000年10月に新宿区神楽坂にオープンした「小路苑」。紙の裁断工場だった町工場のドアと照明を付け替えた店内は、20坪の広い空間。ステンドグラスのランプシェードからのやわらかな灯り、ガラスの引き戸からの自然光で、店内は神秘的な雰囲気が漂う。

　「街と自分の店の雰囲気が合うところがいいなと思い、以前から好きだった神楽坂を選びました」と話すのはオーナーの吉田耕治さん。老舗花店や雑貨と花を扱う店などを経て独立した。オープン以来、友人である植村さんと二人で運営し、店舗以外にも近隣の飲食店などの生け込みも行っている。

　生花は中間色の花色や大輪の花など個性があるものを中心にセレクト。大きな枝物は季節感を第一に考え、数多く仕入れているのも特徴だ。春直前の取材時には、ミモザやボケ、モモ、サクラなどの華やかな花木が揃っていた。大きな枝が天井の高い空間によく映える。生花は店内中央のテーブル、壁沿いのテーブルや棚の上など、至る所にディスプレーされていてきっちり並んでいるわけではないが、どのコーナーも絵になる美しさ。レイアウトの基準はゆるやかな色別だが、厳密ではなく、その時の気分で変化があるという。このゆるさが小路苑の魅力でもある。大きめのフラワーベースにざっくりと合わせたチューリップを見ながら、「チューリップのパロット咲きの咲ききった姿が好きです」と愛おしそうに話す吉田さん。花が好きだから花屋になったようなものです、とぼそっと呟く吉田さんらしい店だ。

1. 色つきガラスのフラワーベースは、花色との組み合わせで表情を変える。2. 店内に複数あるステンドグラスのランプ。作家さんの手づくり。3. 赤城神社からほど近い場所にあるショップ。古民家のような佇まいが神楽坂の街ともよく合う。

小路苑

住　　所	東京都新宿区 赤城元町3-4
電　　話	03-5261-0229
定 休 日	日・祝

店内の照明に映えるドライフラワーのアジサイ。店内の古い家具や雑貨ともよく合う。

LUFF

清澄白河

植物への愛情と突出した
アイデアに触れる

壁にはドライフラワー、棚の上には上村
さんが考案したハーバリウムがずらり！そ
れぞれに日付がナンバリングされている。

たくさんの植物で囲まれた2階は、売り場でありながら上村さ
んの研究室のよう。黒板にはワークショップの跡が残っていた。

東京都現代美術館がオープンして以来、話
題の街となっている清澄白河。歴史ある長屋
の一角に店を構える「LUFF」。オーナーの上
村拓さんは、花店で勤務後独立し、地元であ
るこの街にこの店をオープン。店内は、上村
さんの魅力がつまった空間だ。１階には主に
生花、ドライフラワーと大きめの観葉植物、
２階にもたくさんの植物が溢れている。

生花の品揃えは上村さん自身の好みはもち
ろん、店の空間に合う季節感のある枝物は必
ず仕入れている。１階の壁には、ずらりとハー
バリウムが並ぶ。数年前からブームのハーバ
リウムは、実は上村さんの発案である。試行
錯誤を重ね、商品化したという。

言葉数が決して多くはない上村さんだが、
植物への思いは熱く、興味の幅もとても広い。
ドライフラワー、流木、そして多肉植物など
で空間をつくった、隠れ家のような２階では、
その様子が随所に伺える。植物用のライトを
取り入れたり、「放置植物」というボトルに
入れたままで植物を育てる商品を発売したり
するなど、従来の概念にとらわれない発想力
が植物の魅力を引き出している。店名の
LUFFには「風上に舵をきる」という意味が
ある。その名の通り、どんな状況でも道を切
り拓き、新たな世界へ向かっていく花店だ。

1

2

3

1階の生花のテーブルには大きな枝を中心に生け、周りに生花をぎっしりと並べている。

1. 2階の植物を育てるためのライトを
あてているコーナー。ユニークな多肉
植物ばかり。2. カウンター奥の窓には
裏山の木々。ワイヤーボックスにも植
物をスタイリングしている。3. 植物を
植え替えるための鉢と受け皿のセット。
器の種類が多く、選ぶのが楽しい。

LUFF

住　　所	東京都江東区清澄 3-3-27
電　　話	03-5809-9874
定 休 日	月・火
Instagram	@luff_fpw

野の花 司

銀座 で 出合う
日本の花

左. 取材は1月、野の花は
年間でも少ない時期。早春
の花や枝物、色鮮やかなキ
ク類などが並ぶ。右. 冬を
彩る日本のウメやヤブコウ
ジなどの盆栽や苔玉など
が店外にいくつも並ぶ。

133

冬を彩るツバキは品種ごとに並べ、それぞれ品種の名札をつけている。

古民家風にリノベーションした店内は、懐かしさを感じる素朴な雰囲気。

　銀座マロニエ通りを1本入った場所で、25年続くのが「野の花 司」。店名の通り、野趣溢れる草花や山野草を中心に品揃えしている花店。古材や古道具でリノベーションされた古民家風の店内は、温かみがあり、ゆったりと落ち着いた時間が流れる。華道や茶道を嗜む人はもちろん、周辺の料理店で働く人が、店に飾る花を選びに来店する人も多い。生花以外には苗や盆栽、山野草の苗などが季節に応じて揃う。店舗での販売だけでなく、10名ほどのスタッフで近隣の飲食店へ生け込みなども請け負っている。

　特化している山野草や野草は、青森から熊本まで全国20軒近くの生産地と取引することで、その品揃えを周年キープしている。特に種類豊富なのは春から夏にかけて。冬から春へ向かう頃の取材時には、店内には早春を伝えるスイセンやツバキ、花木が数多く入荷していた。ユニークなのは生花の見せ方だ。花器のみならず、ガラス瓶や竹筒など多様な器にさりげなくあしらっている。まさに茶花（茶室の床の間であしらう花のこと）らしく、自然のなかから切り取ってきたような佇まい。和の世界はきっちりしていなければ、と思いがちだが、こんなに自由でいいのだな、と思わせてくれるとともに新たな花の魅力に気づかせてくれる店である。

野の花 司

住　所	東京都中央区銀座 3-7-21
電　話	03-3535-6929
定休日	なし

盆栽用の鉢や花瓶も充実。写真の花器は陶芸家のもの。

4ひきのねこ

吉祥寺

花への熱い思いと
こだわりを伝え続け40年

店名は、お店を始めた当時、河田さ
んが猫を4匹飼っていたことが由来。

棚上のレトロなライトに照らされるクリスマ
スローズ。猫の置物はお客さんからのお土産。

グリーンに塗装したワイヤーラックを中心に、椅子やテーブルなどを合わせて花をディスプレー。お気に入りの花をじっくり選ぶことができる、ゆったりとした配置。

1979年から吉祥寺に店を構える「4ひきのねこ」。壁には古いお菓子の缶や茶色く変色したメモ紙など、歴史と懐かしさが溢れる店内。オーナーの河田悠三さんは笑顔で、「花を売るよりも、リヤカーを花で装飾することに一生懸命だったよ」とリヤカーで花を売っていた当時を振り返る。その頃のお客さんとの縁でこの地に店を持つことになった。

店内の什器やドアなどは、ペンキを混ぜて作ったシックなグリーンに統一されている。店外には苗や鉢花、店内の生花は季節感と品質を重視して仕入れたものばかり。「今は一年中出回る花が増えたけど、うちでは春の花は早くても11月23日が解禁日。それ以前には仕入れないことにしている」と河田さん。どの季節、どの花にも河田さんのこだわりがある。生花にはあえて値札をつけていないのもこだわり。「直感で花を選んでほしい。店に入ったときに、パッと目が留まった花が本当は一番いい。先に値段を見ると、純粋に選ぶことができなくなる。だから、あえて声を掛けてもらうのを待っているの。面倒くさい花屋なんだよ」。会話をすることで深く花を知り、もっと好きになる。花との距離を縮めてくれる貴重な花店だ。

1

1. 壁掛けの棚と黒電話を掛けている板もシックなグリーンに。味のある壁との相性もいい。
2. 「予定調和でなく、想定外を楽しんでほしい」とオーナーの河田さん。会話をすることで、花との楽しみ方、付き合い方を伝えてくれる。

4ひきのねこ

住　　　所　　東京都武蔵野市吉祥寺本町 2-28-3
電　　　話　　0422-21-6901
定 休 日　　火
Instagram　@yonhikinoneko

2

MIDORI

大鳥居

**スタイリッシュさが映える
インダストリアルな空間**

天井が高く開放感がある店内。観葉植物や枝
物のグリーンがよく映える。

上．パープルから赤系でまとめた一角。大人っぽい雰囲気がショップとよく合う。下．工場だったという店内は開放感たっぷり。緑が美しい葉や枝のなかに、鮮やかな花をディスプレーしている。

上．フラワーベースや鉢カバーは手頃な価格帯のものからラグジュアリーなものまで揃う。
下．カウンターからエントランスを見たところ。目の前は環状8号線で羽田空港からほど近い。

1

3

2

4

東京の空の玄関口である羽田空港に近い、環状8号線沿いにある「MIDORI」。アパレルブランドなどの装飾やCM撮影などでも活躍する牧内博文さんがオーナー。2009年のオープン時は、現在の場所からほど近い住宅地に店を構えたが、2015年に移転。

ブルーグレーの壁に黒を基調とした大きな扉がスタイリッシュな外観。一見すると、花店には見えない。扉を開けて、店内へ入ると高い天井の気持ちのいい空間が広がる。天井から吊るされたハンギンググリーンがリズミカルで、フォルムの面白さと植物の生命力に胸が躍る。少し高めの可動式の棚にずらりと並ぶ生花や植物は、牧内さんが吟味して仕入

れ、どれもクオリティが高い。壁の棚には、数々のガラスや陶器のフラワーベースや鉢カバーが並ぶ。手軽なガラスベースから海外で買い付けたものまで、多種多様で見るだけでも楽しい。

お客さんは地域の人はもとより、若い男性も多い。シンプルでインダストリアルな雰囲気が、男性でも抵抗なく入りやすいのだろう。ショップスペースの裏には広々とした作業スペースがあり、装飾の仕事の作業などを目にすることもできる。レッスンもこのスペースで行っている。不定期だが、大胆な模様替えもあり、訪れるたびに新たな発見があるのも楽しい。

1. 店内の観葉植物の土の上に布を裂いたものを載せて。2. 観葉植物も充実。装飾の仕事も多く手掛けているため希少な植物も。3. 店外にはオリーブやホワイトセージ、セルリアなどユニークな植物。4. 壁の棚には小さめのサボテンや多肉植物。壁の絵とのクールな世界観がマッチ。

MIDORI

住　　所	東京都大田区西糀谷 3-41-3 長藤ビル 1F
電　　話	03-6715-1638
定 休 日	不定休
Instagram	@midori_flowerandplants

FUGA

神宮前

**唯一無二の植物の
ラグジュアリーショップ**

ブルー、パープル系のコーナー。
花色の多様さに気づかせてくれる。

カウンター中央に置かれていた初夏の草花。一般的ではない和の草花を「しつらえ」に落とし込んで見せている。

生花コーナーのメインには、季節の花など今が旬の花を中心に並べている。取材日は旬のシャクヤク、シーズンが短いジャーマンアイリスなど。

1階と地下を合わせて100坪近くの広い店内で、美しくも愛おしいたくさんの植物が出迎えてくれる「FUGA」。外苑前駅からほど近い、キラー通り沿いに、1993年にオープンした。

　生花を扱う1階の内装はモダンでシンプル。無駄なものは何一つなく、美しく整えられ、制作や接客のスタッフの動きも洗練されている。作業を行うスペースはお客さんからは必要以上に見えないように目隠しが設けられ、あくまでもフロアの主役が生花であるように工夫されている。

　生花は複数の商品台に、旬の花と色別にカテゴライズしてディスプレーされている。店内が広いこともあり、種類も量も圧巻。目も心も奪われる。さらに目に留まるのは豊富な

種類を揃えている枝物。季節感のある枝物は、自宅用としても装飾用としても人気があるという。

　観葉植物を扱う地下は、植物だけではなく、鉢カバーやポットなどの器類も充実している。生花を扱う1階と比べると、都会のジャングルといった感じだ。大小さまざまな植物が、多様なスタイルの器にスタイリングされ、自宅での楽しみ方の参考になる。植物選びだけでなく、植え替えなどのメンテナンスや庭の植栽などの相談ができるのも嬉しい。

　FUGAが目指しているのは、「世界一の花屋」。洗練された商品、空間、サービスはその言葉が現実に近いことを感じさせる。

色別でディスプレーしている。透明なガラスのフラワーベースに整えられた花の姿を見るだけでパワーをもらえそう。

1. 地下は観葉植物のフロア。地下へ降りる階段に吊るされているグリーンやラン。さりげなく、日常に取り入れられそう。2. 地下は、都会のジャングルのようなワイルドな雰囲気。多種多様な観葉植物はどれも美しい鉢に植え替えられている。鉢カバーなどの器も揃う。

FUGA

住　　所　東京都渋谷区神宮前 3-7-5 青山 MS ビル
電　　話　03-5410-3707
定 休 日　なし
Instagram　@fuga_tokyo

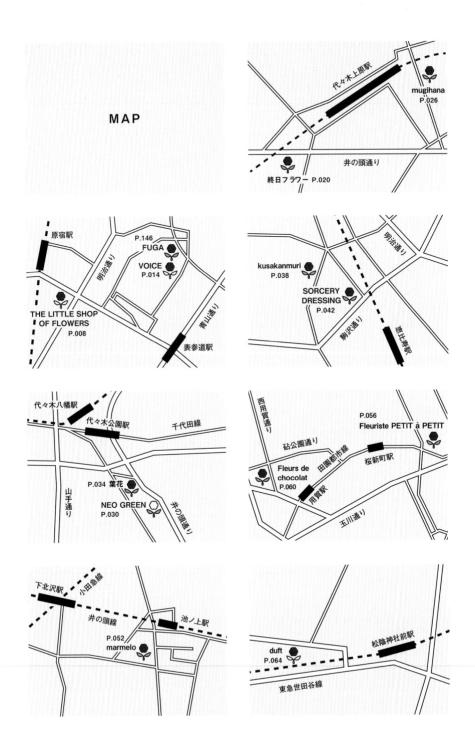

MAP

代々木上原駅

mugihana
P.026

井の頭通り

終日フラワー P.020

原宿駅

P.146
FUGA

VOICE
P.014

明治通り

青山通り

THE LITTLE SHOP
OF FLOWERS
P.008

表参道駅

明治通り

kusakanmuri
P.038

SORCERY
DRESSING
P.042

駒沢通り

恵比寿駅

代々木八幡駅

代々木公園駅

千代田線

山手通り

P.034 葉花

NEO GREEN
P.030

井の頭通り

西用賀通り

P.056
Fleuriste PETIT à PETIT

砧公園通り

田園都市線

桜新町駅

Fleurs de
chocolat
P.060

用賀駅

玉川通り

下北沢駅

小田急線

井の頭線

池ノ上駅

P.052
marmelo

松陰神社前駅

duft
P.064

東急世田谷線

152

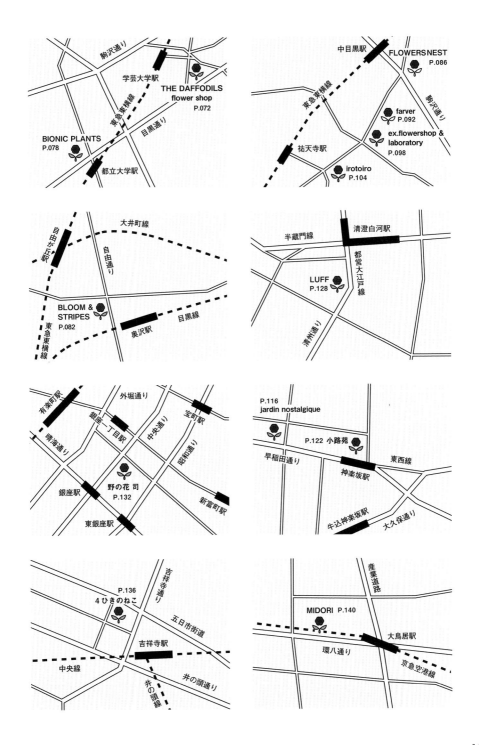

おわりに

小学校1年生のとき、幼稚園の担任の先生のお宅へ遊びに行くため、花屋さんに立ち寄った思い出が、私の花屋さんにまつわる最も古い記憶です。アドバイスを受けながら選んだカーネーションとカスミソウのブーケは、たまたま花市場に就職することになり、花業界で働くようになった今でも、懐かしくも甘い思い出のひとつです。

本書の制作時、世界中がコロナ禍に巻き込まれました。花屋さんも影響を受けましたが、驚いたのはたくさんの人々がこの時期、花や植物を求めて花屋さんに足を運んだことです。こんな時だから、花を飾ろう、そう思った人は多かったのです。月並みですが、花や植物、そして花屋さんができることは、まだまだある、そう強く感じました。

本書の発刊にあたり、取材を受けてくださった花屋さん各位、皆さんの美意識ならびに仕事の質の高さをあらためて感じました。ご多忙のなか、ご協力いただきましてありがとうございました。楽しそうに素敵な写真をたくさん撮影してくださったフォトグラファーの西田香織さん、クールに仕上げてくださったMOUNTAIN BOOK DESIGNの山本洋介さん、お二人の力で美しい書籍になりました。企画、編集ならびに細かなスケジュール管理をしてくださった株式会社エクスナレッジの片川真祐子さん、企画のお声がけをいただき感謝しております。次作があるようなら、ぜひ日本全国の美しい花屋さんに行きましょう。

都会に四季をもたらし、安らぎと感動を与える存在が都市の花屋さんです。素敵な花屋さんが日々の生活にあることは、人生をより豊かにするでしょう。本書の美しい花屋さんがあなたの日々と記憶に寄り添うことを願っております。

2020年8月7日（ハナの日）
櫻井純子